一次关于梦想的旅行

《一次关于梦想的旅行》编委会/编

辽宁人民出版社

图书在版编目(CIP)数据

一次关于梦想的旅行 /《一次关于梦想的旅行》编委会编.
—沈阳：辽宁人民出版社，2015.4
ISBN 978-7-205-08240-6

Ⅰ.①一… Ⅱ.①一… Ⅲ.①读书活动–辽宁省–文集
Ⅳ.①G252.17-53

中国版本图书馆 CIP 数据核字(2015)第 071213 号

出版发行：辽宁人民出版社
地　　址：沈阳市和平区十一纬路 25 号
邮　　编：110003
印　　刷：沈阳新华印刷厂
幅面尺寸：170mm × 230mm
印　　张：6.25
字　　数：10 千字
出版时间：2015 年 4 月第 1 版
印刷时间：2015 年 4 月第 1 次印刷
责任编辑：娄　瓴　艾明秋
装帧设计：丁末末
责任校对：刘再升
书　　号：ISBN 978-7-205-08240-6
定　　价：36.00 元

《一次关于梦想的旅行》
编委会

《中国梦　我的梦》
全民阅读梦想漂流书
2014 年 4 月出版

写在前面的话

中华民族5000年历史，有多少成就从梦想启航，又有多少文明因梦想而辉煌！

2014年4月，《中国梦　我的梦》作为一本漂流书，

从沈阳出发，开始一次关于梦想的旅行。

2015年的春天，在这个孕育着希望的季节，

漂流书满载着梦想，在这里汇集。

一本本小书上，写满中国人对自己，对亲人，对祖国，对未来的期待。

每一个微小愿望的背后，都有一颗热诚的心和一个勤奋的人。

他们是现在中国的脊梁，是未来中国的希望！

讀万卷書
行萬里路
匯萬人智
繪遼寧錦
築中國夢

"功崇惟志，业广惟勤"。国家也好，个人也罢，多少人曾独立潮头，叹白驹过隙；多少宏图曾写在纸上，却美梦成空。唯有坚韧与执着，令人敬佩，值得怀念。愿13亿人一心，为民族的伟大复兴，锲而不舍，驰而不息。

李文辉

2015年4月8日

一本漂流书，万人说梦想。每个人的梦想汇成伟大中国梦，每个人的圆梦之旅写就中国好故事。践行中国梦，是叙事曲，也是咏叹调；是独奏曲，也是交响诗。用激情点燃创业的火花，用智慧谋划伟大蓝图，梦想正在路上。

贺旻

人生要有梦，生活要追梦。

众人齐努力，实现中国梦。

李晓安

二〇一五年四月十四日

纯真年代

少年强，则国强。
孩子有梦，国家才有梦，孩子有未来，国家才有未来。
看孩子们微少的梦想，纯真而又充满希望。
他们是国家的未来，是实现中国梦的主人公。

我想当一名画家，因为我想画出祖国的美丽山河，那蓝天白云，那绿树红花，那莺歌燕舞，是多么美丽呀！

牛角沟小学

四年级　沈瑞

我想当一名书法家，写出许多字，卖出许多钱，来建设自己的家乡。

牛角沟小学

四年级

陈佳馨

我长大要当一名消防队员，扑救大火，管理群众的财产损失。

祁家 四年 黄渤迪

我要做一名隐身人，去帮助别人

银州区

十九小学

五年三班

刘海森

我希望家乡的垃圾都变成小草，人们可以在上面嬉戏、玩耍，不怕脏。

于海峰

我的梦想是让世界没有战争，这世界上有多少人因为战争而失去了宝贵的生命。如果没有战争人们就会快乐的生活。

银州区第十九小学 韩雨欣

每个人都有自己的梦想或者目标，我也有一个梦想，那就是成为一名真正的女骑士，因为我向征着那骑士高尚的品质：谦卑、荣誉、牺牲、英勇、怜悯、精神、正义、和诚实，这就是我所象征的理由，我一定会经过我的努力，成为一名女骑士的，保护世界上的所有人类。

岐山一校 程楚涵

我想像科幻电影里一样
驾驶着战舰遨游太空

岐山一校 陈耘合

我的梦想是当一名宇航员，
我想飞出大气层，去看看地
球外面的世界。

五年一班：王松锐

我要发明最好的机器，帮爸爸妈妈种地让粮食大丰收。

新屯小学 张宏远

我家门口有一条小路，一下雨，小路就变成了“小河”，所以我想长大后，用自己的行动来修好这条路。

肖思凡

我和小伙伴们二十年后在月亮上相会。

新屯小学党思琦

爱
号

我想当动物的拯救者，不让更多的认人看不起的小动物落到坏人手里，如果已经落到了坏人手里，我会想方法把它们救出来。希望世界上的人们都爱护小动物。

新屯中心小学

六年一班

温玉

我要成为最好的医生，为许多病人看好病。

新屯小学 张雨欣

我的梦想是当一位军人，是因为我想保家为国，冲锋陷阵。

法制小学
三年级
丁建友

青春之歌

年轻没有极限，就像梦想没有尽头。
虽不能永葆青春，但只要有一颗年轻的心，
只要有积极、无畏和奋进的态度，
每一个梦想都会绽放一朵美丽的花。

梦随心驰，情逐梦动，

当梦想照进现实，

这一路欢声，一路歌唱，

甚至一路艰辛，一路忧伤，

都成为幸福的远方……

FM95.9

丁露蕊

2014.5.29

我的梦

我的梦，我的中国梦，是一个充满爱的和谐天堂。每一个生命都有爱与被爱的权力和能力，每一个人都在可以相互温暖的距离内，每一个人都有可以实现的梦想。生活在新世纪的我们应该有足够的理由相信我们美丽的祖国，有足够的底气构建宏伟蓝图。相信为了她，你我时刻充满勇气和力量，面对未知和困难，你我可以从容不迫，应对自如，用青春让梦想激情燃烧！

辽宁省印刷技术研究所

毕新详 2014年5月30日

梦想其实是一种信仰，是我们前进的动力，
给予我们勇气和希望，有梦想才有未来。
我的梦想很简单，就是用我的力量和勇气
去让生命发光，让青春绽放，让未来的
我可以牵手我的爱人回看曾经的我们
幸福的微笑……

——[illegible]

2014.5.27

全力保护自己的梦想。那些嘲笑你梦想的人，因为他们必定失败，他们想把你变成和他们一样的人。我坚信，只要我心中有梦想，我就会与众不同，你也是！

[illegible]

辽宁文艺广播

风雨人生，给自己一个微笑。

人生，完美也好，缺憾也罢，

一路走来，

重要的是我们欣赏到了沿途的风景。

刘舒

祝愿我们伟大的祖国
国富民乐 国富民强

希望我们年轻人 带着
激情与梦想 昂首前行
与祖国同在
与梦想同行

张健怡

真的希望有梦笔生花的本领
来勾勒出所有对梦想的图画
而回归到生活中
其实梦想变得很朴实、很简单
就是希望家人身体健康
生活得心情舒畅
自己能够不畏惧青春溜走的时代
每一天都比前一天
活得精彩！

刘达超

付出自己所有的努力、
就是为了让远方离自己更近。
把心中的梦想、以歌传递！

徐璐 6.9

能拥有梦想是美好的

第一次听到马丁·路德·金的演说

才知道梦想的力量

希望自己的梦想

能够在努力中照进现实

所以在沉淀中泛出华彩

不负青春

不枉此生

陈鹏

奋斗的青春最美丽

“中国梦”里，有“强国”也有“富民”。

“中国梦”里，有期盼，也有实干。

中华民族是一个命运共同体，只有民族、国家全面科学发展，个人才能实现梦想。同样，只有每个人都充满激情和梦想，“中国梦”才能美丽，

才能坚实！

——高[illegible]

生活如斯

一本漂流书，万人说梦想。
每个人的梦想汇聚在一起，就是恢宏的中国梦。
每个人实践梦想的过程浓缩在一起，
就是美丽的中国好故事。

这世界还有很多地方我没去过，

很多美景没欣赏过，

很多美食没品尝过，

很多不可思议的风土人情，没遇到过

我还拥有想去体验一个更大的世界的欲望！

把欲望转成动力，实现我的梦想。

高睦以会

人生没有捷径可走，我们也就只有脚踏实地，努力学习，努力创造，才能走出一条光辉的人生之路。只是在路途中，要有梦想，在距离起点很远了以后，不要忘了当初为了什么而出发！

刘晓青

梦想有远有近，眼前我最渴望的就是一觉醒来，爸爸不~~[illegible]~~再说头痛，腿脚硬实起来，妈妈的心情好起来，全家人不再为爸爸的神经痛忧愁而抑郁！快快治好戒了止痛药吧！

祝福我自己，梦想成真！

感恩！

感激一切正能量

感激有这个机会让我跟宇宙说出这个梦想。

[illegible]

我的梦想：

希望家人，朋友身体健康，家庭和睦，奶奶长命百岁。

侯龙飞

路漫漫其修远兮，在梦想的这条路上，我们要做一个脚踏实地的实践者，而不是只会呼喊的演说家。只要我们为梦想付出汗水，再高的山峰也会有我们的足迹，再崎岖的山路也会留下我们的脚印。我们的未来不是梦，我们的中国梦，未来将不只是梦！

罗宁

老妈说，不问时间都去哪啦，陪你成长是我的幸福，哪怕一天天会变老。愿所有甘心为孩子付出的妈妈们健康幸福。

孙[illegible]

我的梦想是家人身体健康、幸福快乐！希望能外出度假，享受大自然带给我们的乐趣！孩子茁壮成长，成长为一个有思想、有孝心、有文化、对社会有益的人！

[illegible]

2014.5.16

我的梦想是所有的人
远离烦忧
快乐健康！
李某
2016.6.3
辽宁农村读书

每天都希望梦想能快速启动，
梦想一次悠哉的旅行；
梦想儿子能快点学会写字；
梦想父母健康、快乐；
梦想工作顺利，《LTLF》印刷回印加量。
梦想其实就是一次次的小希望，小感动，
小念头……
我们的国家人民生活安乐、情谊富足、社会风
气醇厚朴实，这是我的大梦想。
印美术总监
刘娜

为什么梦想一定要是环游世界或是赚上千百万呢，我的梦想是成为一名优秀的采编新闻工作者，我就生活在我的梦想里。

TVF编辑：刘一宁

努力工作，不断学习，
不求功名显赫，不求高官厚禄，
只愿脚踏实地，诚实守信，
只愿平平凡凡，本本分分，
做好本职工作，做一个正直的人

苏红

小时候，别人问我梦想，我可能会毫不犹豫的脱口而出是"科学家"，可现在如果有人再问我梦想，我大概会低头深思，很久才给出答案。这并不是说我的梦想丢失了，而是在成长的过程中梦想也变得更加实际与现实。虽然它还在远方熠熠发光等人为它去奋斗，但那已不像遥远的星辰一样可望不可及了。我的梦想已渐渐演变，幻化为一个个阶段性的小心愿、小目标，等着我一步步脚踏实地地去实现。三毛曾说过："一个人至少拥有一个梦想，有一个理由去坚持，心若没有栖息的地方，到哪里都是在流浪。"愿以此为共勉，希望每个追梦人都能勇往直前，坚持信念，到达梦想的彼岸，然后再重新启航。

胡晗

我有一个梦想

愿孩子们在草地上欢快地笑

愿主妇们不再为食品安全发愁

愿老人们不受疾病的折磨

愿人人呼吸洁净的空气

愿大地披绿 河流清澈 天空湛蓝

愿人人有梦

愿每个梦想终有照进现实的一天

王晓刚

前两天，我和新闻中心的同事们去省孤儿学校，给那里的孩子们进行慰问演出，看着孩子们天真、善良、纯朴、阳光的笑脸，望着孩子们渴求知识的眼睛，我在想，中国梦应该是全体中国人的梦，其中更包括弱势群体的梦。

我觉得，我有责任和义务帮孩子们描绘他们的梦想，让无数个小梦汇聚在一起，最终成就一个大梦

李潇

2014.5.29.

希望父母身体健康。

希望时间它能慢一点，让我可以细细品味生活。

希望自己最后可以成为生活家。

董恰恰

2014.5.16

想穿越到宋朝：明豔里藏著憂傷，即便是繁華落盡的尋常陌巷，也總能撞見錯落幽微的精緻；彷彿于楊柳岸曉風殘月，面对大江东东去又梦回吹角連營……

想穿越到民國：在悠长又寂寥的雨巷逢著丁香一样结着愁怨的姑娘；在桨声灯影里的秦淮河畔寻覓大师风流……

若不能，唯愿一粥一飯、半丝半縷依然可以精緻，愿個体生命的尊严能够被关注，愿在陈寅恪先生"独立之精神，自由之思想"的光辉中見證脚下这片土地的文化復興。

賈红梅

2014、5、30.

我的梦想是：吃着让人放心的食品，过着没有纷争的生活，通过自己，可以让别人感觉到快乐，让自己和喜欢的人与事都相处和谐、求得圆满。

杨雪

2014.5.19

这是一个信息交互的时代，更是一个个人梦想纵横的时代。作为一名新闻工作者，我只想说，新闻的进步恰恰折射出社会的进步，新闻的理想，正和这个社会的梦想和理想息息相关。我们在理想中奋斗，社会在理想中前行。我们一定能实现电视工作者的中国梦！

王磊

希望中国的老人们都能有一个幸福的晚年

曾经12次参观"辽宁工业博物馆"，每次都感觉受益匪浅。那里承载了中国工业的一段段辉煌的历史，承载了父辈们的所有青春与汗水，也记录了我这个生长在老工业基地80后孩子的成长历程。

《时间都去哪儿了》这首歌让我每次听了都感动不已，转眼间，我的爸爸妈妈、身边的叔叔阿姨也都步入了老年。时常听他们讨论关于退休金、讨论养老的问题，自己居然在一旁插不上嘴，时间久了，也会听到一些他们这代人独有的无奈与辛酸！

我们的国家是越来越富强的，可是老年人有他们自己的担心。曾经有位生活很节俭的阿姨，我还劝她要对自己好些，不要处处省吃俭用。我问她，你这样节俭一辈子，到最后攒的钱做什么啊？她的回答令我意外，她说："我要用这些钱去养老，去看病，因为我越来越老了。"听完后，我感到一阵心酸，或许这就是她们这代人的担心，用一辈子攒的钱去养老看病，而不是享受晚年。所以我希望国家能完善养老机制，让这些曾经为新中国建设付出自己一辈子的人可以减少一些担心，可以有一个幸福快乐的晚年！

2014.6.5

张娇 ♡

我期待着有一天，人大代表们不再提关于加强昌图城区大气污染治理的建议；不再提加强居民小区物业管理的建议；不再提让农村孩子享受与城里孩子同等的教学条件的建议；不再提解决农村小学校车超载问题的建议；不再提加强农村合作医疗管理的建议；不再提关于整治县城区“小广告”的建议；……

我必相信这一天，很快就能到来！

赵玉君

2014.05.15.

我是一个中国人，我有很多中国梦……

起初以为写个我做过的梦节选一个就可以了。后来制片告诉我那是两码事……

手薅着头发半天，想到几个我期望的，不大不小，不卑不亢，不愿不伸：

1. 在我有生之年，中国足球再进一次世界杯，让我再凑把热闹。

2. 现在、将来，去医院看病不再费事，白衣真的可以是天使。

3. 不求大富大贵，但求平安快乐，父母健康，自己无病一身轻，每年带他们旅游去一去。

4. 好好工作，好好做人，好好生活，实话实说，有一说一。

[illegible]

Wed

2014.06.04

五月初七

中国在国际上越来越强大！
国民经济越来越富有！
家人、朋友永远幸福平安！
家乡(昌图)建设更加美丽，
大家生活在美好的环境，
身心永远健康！
事业更加顺畅！

赵炬峰
2014.5.27

老有所养，贫有所依，幼有所教，难有所助，每个人都能绽放出由衷的笑容。

孙世杰

2014.5.20

希望每个人都能保持他们的梦想

希望每个追梦人

都能实现他们的愿望。

2014.5.28

吴纪.

心应该是自然的，不应该有太多刻意的羁绊和外在的雕琢。只有这样，才不会丢失自我。对于完美，我无需刻意附庸，过好独特而又真实的自己，抱有一颗"虽不能至，心向往之"的态度，……

我的梦：

家和万事兴

人和国富强

王爽

2014.5.21.

“梦想是注定孤独的旅行，路上少不了质疑和嘲笑，但那又怎样，就算遍体鳞伤，也要活得漂亮。”

毕晓光

我的梦想：融入社会大家庭，干好每一天工作，快乐人生，做好每一天事，让全家庭都和谐。 [illegible] 2014.5.15

我的梦想是国家更加富强、世界更加和平、社会更加民主、正义、和谐、美好。希望自己更加强大，给其他人带去更多的正能量，实现自己的理想，当有一天回首往事的时候，不会有后悔，不会有遗憾。每一天、每一分、每一秒都过得充实、快乐、有价值、有意义 ^_^

[illegible] 2014.5.15

我的梦想是国家富强、社会和谐、百姓安居乐业，有份稳定顺心的工作，家庭幸福美满，每天都有一个好心情。

赵旭 2014.5.15

我的梦想是世界和平、国富、民强，百姓安居乐业，快乐开心每一天!!!

王[illegible] 2014 5.15

我的愿望：

希望所有的人都为自己的梦想加倍努力，在遇到困难的时候想想自己爱的人和爱自己的人，坚持到底，就是胜利！！！

送给大家一只小猫～

—— 庞洁妍

回到家了会想起

人很是后来出。

井绍明

2014.5.20

希望自己不要荒废时光

有自己的成就

张曦宁

2014.5.24

人生最精彩的不是实现梦想的一瞬间，而是在追求梦想的途中我们所拥有的一切。

珍惜当下，愿陪伴我走过每段人生道路的人们都有平等放飞梦想的机会，幸福、快乐的度过每个平凡的日子！

吴俊

得到人们的认可与尊重。

希望梦想成真。

语亮　2014.5.24

我的梦：

国家兴旺发达，人民安居乐业。

社会和谐安定，环境优美秀丽。

老人颐养天年，少有用武之地。

家庭幸福美满，工作顺心如意。

王云峰

2015

我的梦想：

我梦想过着没有压力、无忧无虑的生活，病了有人医治，老了有人养，工作其间有消费所有喜爱的东西，我可以带着我的女儿和心爱的人周游世界，吃遍美食，游遍世界。

愿我的梦想早日成真。

2014.5.20！

yoyo

感悟梦想

人的一生会有很多念想，
有些是终身不能磨灭的，
那才是你真正热爱的，心向往的
——称之为梦想。

实现中国梦靠你我他

中国梦连接了过去与现在、历史与未来，连接了大家与小家、国家与个人。中国梦来自中国心，是每个中国人的梦，是国家富强的梦，是人民幸福的梦。

实现中国梦靠你我他，不要轻视个人的能力和力量，不要认为我只是一粒不起眼的小沙子，有没有我都起不了什么作用，恰恰相反，涓涓细流汇成大海，团结就是战无不胜的力量，每个中国人都满怀激情地释放自己的正能量，一切美好的东西都能够创造出来，中国富强之梦不久就会实现！

辽宁省印刷技术研究所　王春流

从小我就是个爱做梦的人，很幸运，我的很多梦想都实现了。更幸运的是，我现在还是心怀梦想。有梦想的人，会穷，但不会怂，有梦想的生活，会平凡，但不会平庸，有梦想的团队，会有分歧，但不会失去航向。

梦想不灭，人生有乐！

[illegible]

2014.6.6

梦想，对于每个人每个时期而言都不尽相同，我亦如此。但有一个梦想却始终萦绕在心中：希望祖国日益强大！国泰民安——我的大梦想！

小梦想当然是希望家人健康、平安、幸福！

努力工作，收入节节攀升！报纸大卖！！！

[illegible]

2014.5.30

梦中流淌的，那一条条奔腾不息的江河，
是壮阔的中国梦。
梦中那连绵起伏，巍然屹立的山峰，
是绚丽多姿的中国梦
梦中那一张张孩子们天真的笑脸，
是充满希望的中国梦。
我的中国梦—— 一个磅礴的，绚丽的，
充满希望的中国梦！

网络编辑/何春阳

有多少人消耗着毫无意义的生命，
碌碌无为，
对别人口中的梦想嗤之以鼻；
那是因为他们不知道，
有了梦想，
生命才会变成千金难买的奢侈品，
人的一生才会变得厚重。

信周刊总监：石彦彬

中国梦，是为中华民族伟大的复兴梦。

其终极的梦想，并非国家富强昌明，

而是我们的国家，我们的民族，要

拥有除财富之外更为不朽的追求——

开放、自信、从容、坚强。

唯愿中华民族如明之恒，

如日之升。

我的梦想：世界和平安宁，我心犹如晴空。

迎向阳光而立，

身如璀璨琉璃。

副总编辑
飞行报副编 [illegible]
2014.6.

世上有三种人：

行动者让事情发生，
旁观者看事情发生，
冷漠者不知道事情发生。
一事不做，则一事无成。
什么事都不做，

不敢冒任何风险
不愿承担任何责任的人，
确实可以避免损失，
避免被议论，避免失败，

但同时也错过了成长，
错过了成熟，
错过了成功。

没有行动，
再美好的梦想，
也都只是幻想。

辽宁文艺广播

安然

梦，是黑暗中一盏明灯，
指引着我们前进方向。
苏格拉底说：世界上最快乐的事，
莫过于为理想而奋斗。
中国梦，
就好像每个人都可以仰望星空，
星光洒在每个人的脸上，
照亮更加丰满的人生，
也照亮更加灿烂的中国。

梦想只要能持久
就能成为现实
我们不就是生活在梦想中吗。

一个有事业追求的人，可以把“梦”做得高些。虽然开始是梦想，但只要不停的做，不轻易放弃，梦想能成真。

宋旭涛

梦开始的地方一定是一个简单的愿望，
但梦结的尽头一定是坚定的信仰！
年轻就要追逐梦想，
哪怕道阻路长，也要坚持梦想，
我期待人人平等，社会和谐，人民幸福，国家富强！
中国梦，我的梦！

编导/吴昕滋

让自己的人生经历，
成为祖国社会发展、进步的鉴证。
不在乎过分的成败、得失，
只为点滴的成长而欢欣鼓舞。
愿赏析每一个点滴过往，
望阳光照耀之时，
它都能成熠熠生辉。
其实做最平常的一颗石子，也最难，
尽最大努力，奉献一份平常的青春！

采编助理
马玲

梦想无需多大多宏伟，

它是一个自我认知的标尺，

是一个不断超越的过程。

个人的梦想其实是整个国家，整个民族，

乃至整个世界发展进程的缩影。

中国梦，我的中国梦，

是将完善提升自我与祖国命运相连。

少年强则国家强，

个人的梦想实现必然带动中国梦的腾飞。

愿心中的梦想成为中国梦不断完善的动力！

高辉 孙思传

我的梦，随着时间的向前，悄然变化。

小时的梦，单纯天真，充满幻想。

慢慢长大，羽翼丰满，心中增添了目标，梦也变得更加坚定，

冲动少了，理智多了。

踏入工作，我的梦想添了责任，坚守自己的诺言，更明白责任和担当。

当我的梦想包含了团队所有人的梦想，

对于未知的困难，所有我们的人会不惧，无所畏惧！

生命因责任而美丽，人生因梦想而精彩，

在你我的共同努力和坚持下，定会开出更美好的梦想之花！共同实现我们的"中国梦"！

[illegible] 6.5

不管梦想是什么，只有带着淡然的态度做好当前的事情，才能如愿以偿。只有到了未来，才知道今天做的事情有什么意义。无论你选择做什么，那就是你理想的未来，能抓住机遇的人，大都是不假思索就作出选择的人。不能实现梦想的人，都是想要一样东西，却不愿意为之付出足够的努力。

张杰

我有一个梦
在蓝色的大海边
带着家人玩耍
海鸥把我的梦衔向远方

我有一个梦
蓝色的银屏映衬汗水
梦想在事业的浪尖上闪光

我有一个梦
在华夏港湾的大海上
为您们守航

我有一个梦
做人要做个好人
一个诚信的人 善良的人 孝顺的人

我们都有一双"隐形的翅膀"，都能让中国梦飞向蓝天，绽放绚丽！

"一个人可以一无所有，但是不能没有梦想。"当"中国梦"没有绽放，个人的梦又如何开花？

也许，执着于自己的梦想久了，我们可能忘了梦想生长的土壤。中国梦与个人梦息息相依，我们追逐自己的梦，本身就构筑"中国梦"的一块块基石。"中国梦"的建构，又为我们放飞自己的梦想提供了平台和土壤。

历史的接力棒已经交到手中，我们大可宣告：无愧昨天的荣耀与辉煌，无愧今天的责任与使命，不负明天的梦想与追求。

郝佳

梦想，注定是孤独的旅程，

只有坚持，

才能看到终点的风景。

开始，就不要停歇，

别因为走得太远而忘记为什么出发。

（签名）

在姥姥的老房子门前胡同口，卸了一堆煤。煤堆里有很多很多的黑亮煤块。这些煤是我的一个朋友送来的，准备给这老房的姥姥过冬取暖。我对姥姥说：这些煤足够您暖和和过一冬了。这就是我以前的事。

现在姥姥的老房子已经变成了整整齐齐的楼房，早已经不必再为备冬煤劳神费力了。但是这样的梦境还会时常在我的脑海中出现。一个人的成长历程中，总有些人和事和情感慢慢渗入到潜意识中而久存于心，不能磨灭——那情那景的美好。未来的梦境会更加美好。

行者

细微却坚定，平凡而深远。

每一天开始的时候，我都告诉自己

"离梦想的实现更近了一步"

然后整理衣装，昂首启航。

施建波

人生如梦，岁月无情，

蓦然回首，才发现

人活着是一种心情。

穷也好，富也好，

得也好，失也好，

一切都是过眼云烟。

不管昨天、今天、明天，

能豁然开朗就是美好的一天

不论亲情、友情、爱情

能永远珍惜就是好心情。

丁瑶

人性最可怜的就是：我们总是梦想着天边奇妙的玫瑰园，而不欣赏我们自己窗口的玫瑰。有时梦想达到是一种幸福，错过也是一种幸福，贵在坚持心中的理想。努力吧，每个梦想都会超越你的目标。

我的梦，就在那里
不来不去；
我的梦，伴呼吸而生
不增不减；
我的梦，无谓得失
不舍不弃；
比实现梦想更重要的，
是梦想本身。

孙甸英

做好自己该做的事，
保护家人和朋友
不欺弱小
不畏强权，
与生活搞好关系，
但绝不妥协。

陈超

当我们的人生启航的时候，梦想是导航仪，

当我们被现实抛入命运巴士的时候，梦想是新的开始。

当岁月的刻刀把梦想雕刻成形

或许它已从宏大变得缩小，但是我们却不会放弃而改

个人梦如此，中国梦亦如此

不积跬步无以至千里，不积小流无以成江海。

实现中国梦，当从细微之处开始。

实现中国梦，当从坚守的每一步开始。

众志成城，锲而不舍，中国梦才会变成现实。

冯巍

2014.5.31

将蓝色还给天空和海洋。

将绿色还给大地。

将真善美还给心灵。

辽宁文艺广播 [illegible]

苏格拉底说，"世界上最快乐的事，莫过于为理想而奋斗。"

每一天里，我们都在奋斗着。

我知道，真正享受到奋斗快乐的人，是真正把梦想、目标、坚持在奋斗中慢慢变成现实的人！

董雨 6.9.

强我中华

中国梦写在纸上，
更写在改革发展的实践中。
时代赋予了我们梦想的权利，
更把实践梦想的责任放在了每个人的肩膀上。

中国梦

人生道路若行船，
梦想激情是动帆。
信仰目标情志定，
言行实践品风贤。
传说神话如今现，
宇宙乾坤已在攀。
海市蜃楼奇幻去，
嫦娥宫阙桂花传。
文明亘古龙乡久，
发展和谐道路宽。
建设小康八载愿，
迎接盛世百年欢。
引航北斗真诚语，
领袖馨言浪漫轩。
美丽中国齐奋斗，
同心彼岸在明天。

一六 一〇
杨诗漫

国无梦不强，人无梦无望，
梦是希望，梦是动力，
梦想祖国强盛无人敢欺，
梦想人民富强无人可比，
让我们放飞梦想，以实际行动
去实现中国梦、我的梦。

辽宁省印刷技术研究所　郝文阁

空谈误国，实干兴邦。

每个人从我做起，从现在做起。

扎扎实实做事，实实在在做人。

陈[illegible]

5.26

希望有生之年

见祖国君临天下

人民幸福快乐。

孟令宗

2014.5.15

中国梦是我们祖国56个民族，13亿人民团结努力、拼搏向前，共同坚守过上更好生活的理想，把祖国建设成富强民主、文明和谐的社会主义现代化国家，实现祖国的伟大复兴。

——刘晶晶 2014.5.20

祖国富强
人民富裕
百姓平安
家庭幸福

[illegible]
16/5

我的梦想是：农业生产实现全程机械化，让农民过上有尊严的生活。

姜旧亨 2014.5.19

科技是第一生产力，科技强国就是我的梦想。在广电学院，充斥着各种各样的外国品牌，自己的国人也不停地推销国际的大牌，许多民族品牌被冠以"劣货"标签。何时我们也能拥有自己的专利技术，自己打造过硬的工艺水平，科技强大才能提升国力，拥有强大的自信。让我们为拥有自己的民族工业而不懈努力吧！

录制部 马诚.

我的梦是全世界都用中国产的电脑操作系统，而不是……；周围用的都是拥有真正国产技术的手机，而不是……；开的都是拥有真正国产技术和形象的高精尖汽车，而不是……；如果这一天来了，我就会更真切地感到我们中华民族真的屹立于世界民族之林了。

辣椒：徐森

公共场所秩序井然
人人礼让和谐
多一些理解和包容
少一些矛盾和争执

潘虹

希望中国能够在世界政治经济舞台发挥越来越重要的作用，让中国人民能够在和谐健康的社会环境中生存发展！

驻美领事部

李[illegible]